# Arbeitsheft

von

_____

_____

Schulausgangs-
schrift

PERSEN

# Das Abc

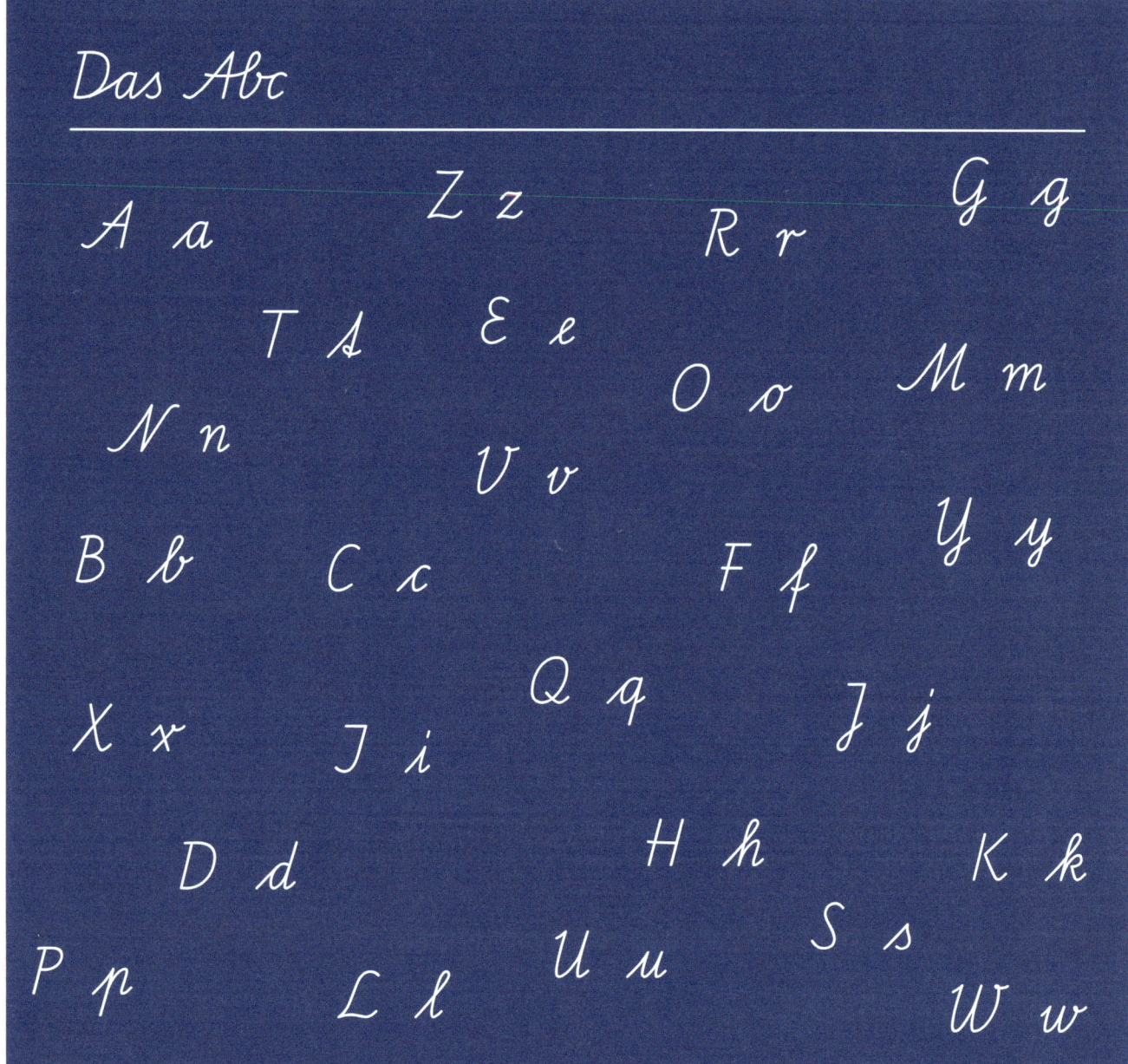

**Das Schreibschrift-Training – Schulausgangsschrift – Arbeitsheft – Erarbeitet von Bernd Wehren**

Gedruckt auf umweltbewusst gefertigtem, chlorfrei gebleichtem und alterungsbeständigem Papier.

14. Auflage 2021
© 2006 PERSEN Verlag, Hamburg
AAP Lehrerwelt GmbH
Alle Rechte vorbehalten.

Illustrationen: Melanie Woicke
Satz: media.design, Neumünster

www.persen.de

Schulausgangsschrift        ISBN 978-3-8344-3625-2

## Inhalt

## Bastelmaterial

## Mein Schreib-Pass

Auf dieser Seite kann nach jeder Aufgabe eingeschätzt werden:

# Der Flaschengeist

 **1** Schreibe die Wörter nach.

① *Omar findet in einer Kiste eine Flasche.*

② *In der Flasche befindet sich ein Geist.*

**2** Schreibe die Geschichte ab.

**3** Lies. Male zu jedem Satz ein Bild.

| ① Omar findet in einer Kiste eine Flasche. | ② In der Flasche befindet sich ein Geist. | ③ Der Geist ruft: „Lass mich bitte heraus!" | ④ Omar überlegt: „Soll ich die Flasche öffnen?" |
|---|---|---|---|
|  |  |  |  |

③ *Der Geist ruft:*
*„Lass mich*
*bitte heraus!"*

④ *Omar überlegt:*
*„Soll ich*
*die Flasche öffnen?"*

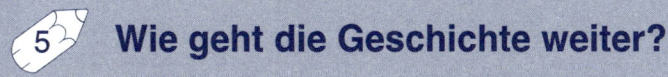 **4 Beantworte die Fragen.**

ⓐ Was findet Omar?

ⓑ Was ruft der Geist?

ⓒ Was überlegt Omar?

**5 Wie geht die Geschichte weiter?**

Seite 45

ⓐ Spielt.

ⓑ Erzählt.

ⓒ Schreibt die Geschichte auf.

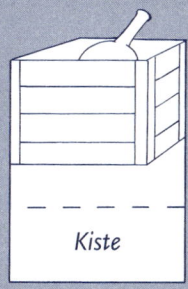

Kiste

Flasche

Geist

# Eine wundersame Reise

**1** Schreibe die Wörter nach.

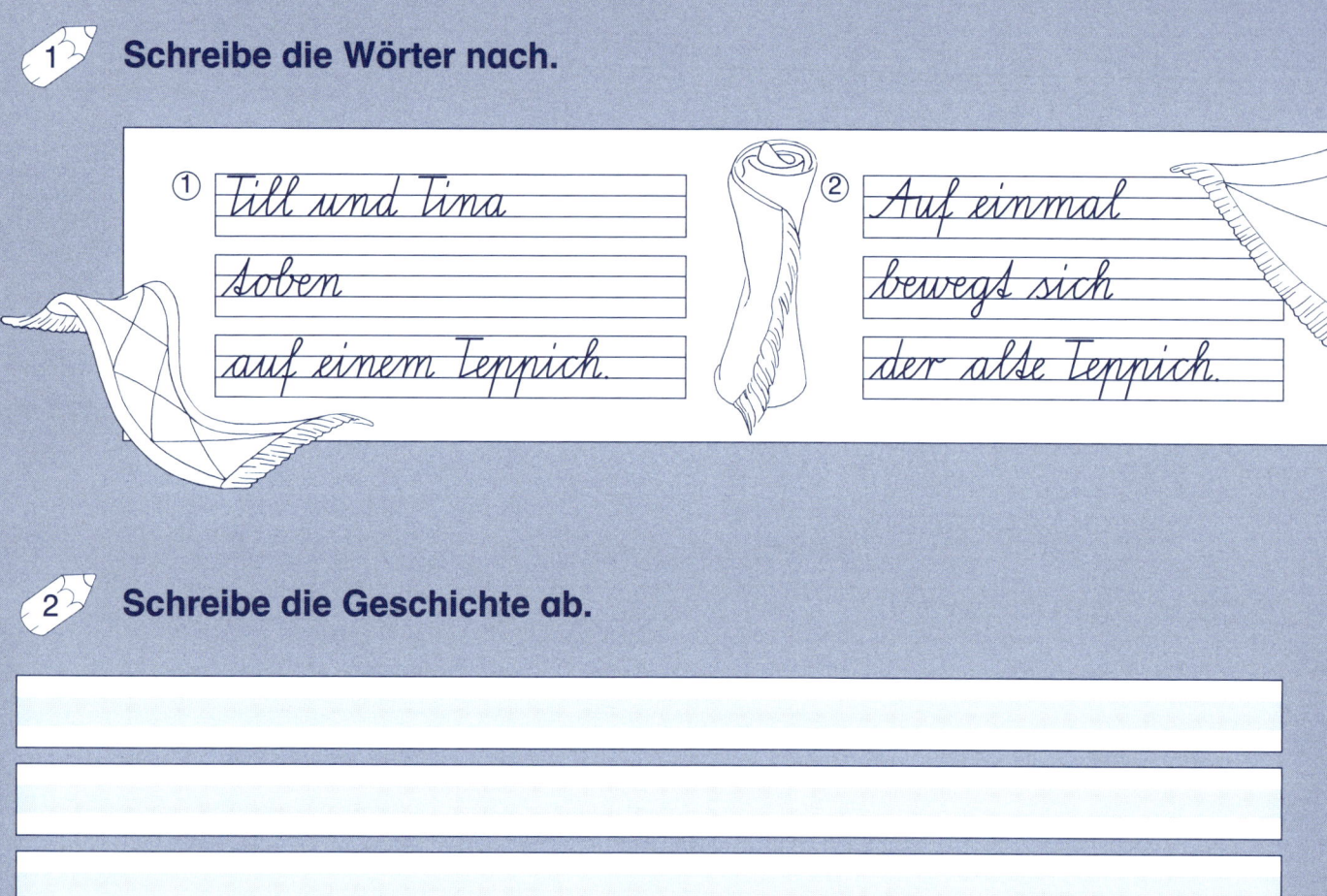

① Till und Tina
toben
auf einem Teppich.

② Auf einmal
bewegt sich
der alte Teppich.

**2** Schreibe die Geschichte ab.

**3** Lies. Male zu jedem Satz ein Bild.

| ① Till und Tina toben auf einem Teppich. | ② Auf einmal bewegt sich der alte Teppich. | ③ Till und Tina wundern sich sehr. | ④ Der Teppich fliegt mit den beiden davon. |
|---|---|---|---|
| | | | |

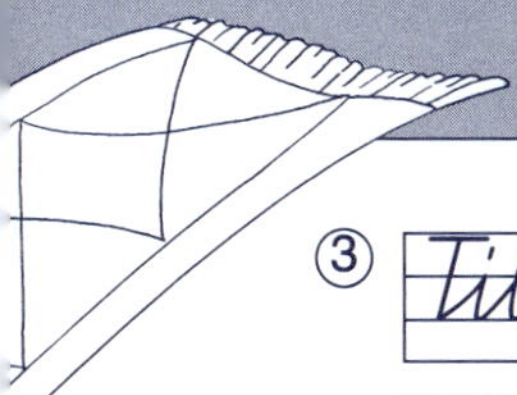

③ *Till und Tina wundern sich sehr.*

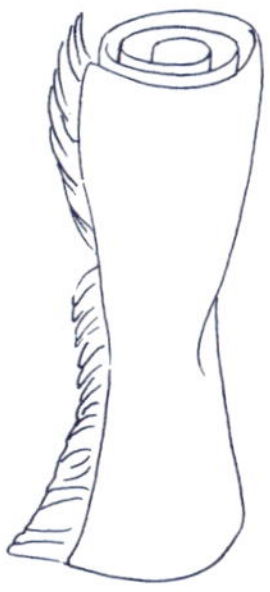

④ *Der Teppich fliegt mit den beiden davon.*

**4** **Beantworte die Fragen.**

ⓐ Wer tobt auf dem Teppich?

ⓑ Was ist ein Teppich?

ⓒ Was passiert auf einmal?

**5** **Wie geht die Geschichte weiter?**

ⓐ Spielt.

ⓑ Erzählt.

ⓒ Schreibt die Geschichte auf.

Seite 45

Till

Tina

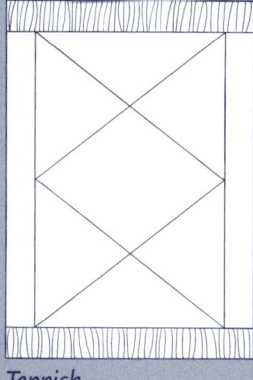

Teppich

# Die Flaschenpost

**1** Schreibe die Wörter nach.

① Lisa und Peter spielen am Bach.

② Im Bach schwimmt eine rote Flasche.

**2** Schreibe die Geschichte ab.

**3** Lies. Male zu jedem Satz ein Bild.

| ① Lisa und Peter spielen am Bach. | ② Im Bach schwimmt eine rote Flasche. | ③ In der roten Flasche befindet sich ein Brief. | ④ Lisa und Peter lesen den Brief. |
|---|---|---|---|
| | | | |

③ *In der roten Flasche befindet sich ein Brief.*

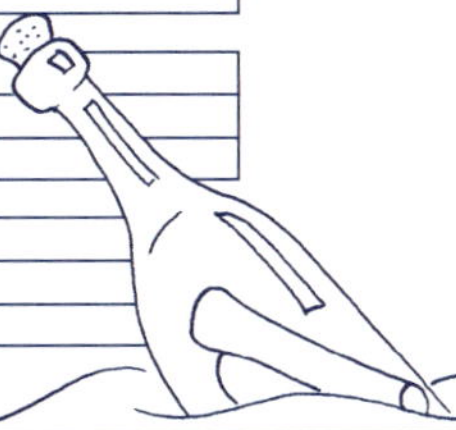

④ *Lisa und Peter lesen den Brief.*

**4** **Beantworte die Fragen.**

ⓐ Was ist ein Bach?

ⓑ Was schwimmt im Bach?

ⓒ Was befindet sich in der Flasche?

**5** **Wie geht die Geschichte weiter?**

ⓐ Spielt.

ⓑ Erzählt.

ⓒ Schreibt die Geschichte auf.

Seite 47

Flasche

Lisa

Bach

# Der Schatz der Piraten

**1** Schreibe die Wörter nach.

① Alex und Jens gehen in die Bücherei.

② Sie wollen ein Buch über Piraten lesen.

**2** Schreibe die Geschichte ab.

**3** Lies. Male zu jedem Satz ein Bild.

| ① Alex und Jens gehen in die Bücherei. | ② Sie wollen ein Buch über Piraten lesen. | ③ Sie nehmen das Buch „Schätze der Piraten". | ④ Da fällt eine alte Schatzkarte heraus. |
|---|---|---|---|
|  |  |  |  |

Sie nehmen das Buch „Schätze der Piraten".

④ Da fällt eine alte Schatzkarte heraus. ✗

 **4  Beantworte die Fragen.**

ⓐ Wer geht in die Bücherei?

ⓑ Was sind Piraten?

ⓒ Was passiert, als sie das Piratenbuch öffnen?

 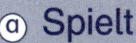 **5  Wie geht die Geschichte weiter?**

Seite 47

ⓐ Spielt.

ⓑ Erzählt.

ⓒ Schreibt die Geschichte auf.

Alex

Schätze der Piraten

# Besuch aus dem All

**1** Schreibe die Wörter nach.

① Paul und Ken
zelten nachts
im Garten.

② Sie sehen
viele Sterne
am Himmel.

**2** Schreibe die Geschichte ab.

**3** Lies. Male zu jedem Satz ein Bild.

| ① Paul und Ken zelten nachts im Garten. | ② Sie sehen viele Sterne am Himmel. | ③ Da landet ein weißes Ufo im Garten. | ④ Ein Männchen steigt aus dem Ufo. |
|---|---|---|---|
| | | | |

③ _Da landet ein weißes Ufo im Garten._

④ _Ein Männchen steigt aus dem Ufo._

**4** **Beantworte die Fragen.**

ⓐ Was tun die Jungen im Garten?

ⓑ Was ist ein Ufo?

ⓒ Wer steigt aus dem Ufo?

**5** **Wie geht die Geschichte weiter?**

Seite 49

ⓐ Spielt.

ⓑ Erzählt.

ⓒ Schreibt die Geschichte auf.

Männ-chen

Zelt

Ufo

# Die Zeitmaschine

**1** Schreibe die Wörter nach.

① *Tim und Lea bauen eine Zeitmaschine.*

② *Sie brauchen dafür viele Dinge.*

**2** Schreibe die Geschichte ab.

**3** Lies. Male zu jedem Satz ein Bild.

| ① Tim und Lea bauen eine Zeitmaschine. | ② Sie brauchen dafür viele Dinge. | ③ Sie wollen zu den Dinos reisen. | ④ Vielleicht reisen sie auch zu den Rittern. |
|---|---|---|---|
| | | | |

③ *Sie wollen zu den Dinos reisen.*

④ *Vielleicht reisen sie auch zu den Rittern.*

 **4 Beantworte die Fragen.**

ⓐ Was bauen die Kinder?

ⓑ Was ist eine Zeitmaschine?

ⓒ Wohin wollen sie reisen?

 **5 Wie geht die Geschichte weiter?**

Seite 49

ⓐ Spielt.

ⓑ Erzählt.

ⓒ Schreibt die Geschichte auf.

Zeitmaschine

Lea

Ritterburg

# Die Fußball-Kids

**1** Schreibe die Wörter nach.

① Tom und Ben
sind
gute Freunde.

② Sie spielen
auf dem Rasen
Fußball.

**2** Schreibe die Geschichte ab.

**3** Lies. Male zu jedem Satz ein Bild.

| ① Tom und Ben sind gute Freunde. | ② Sie spielen auf dem Rasen Fußball. | ③ Tom schießt den Ball gegen Bens Kopf. | ④ Ben ruft: „Aua! Du blöde Blechbirne!" |
|---|---|---|---|
| | | | |

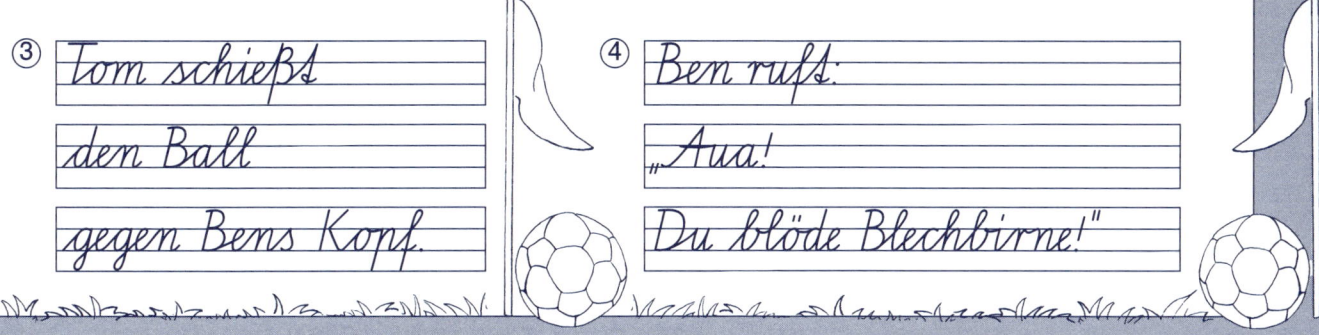

③ Tom schießt den Ball gegen Bens Kopf.

④ Ben ruft: „Aua! Du blöde Blechbirne!"

 **4  Beantworte die Fragen.**

ⓐ Was machen die Jungen auf dem Rasen?

ⓑ Wohin schießt Tom?

ⓒ Was ruft Ben?

 **5  Wie geht die Geschichte weiter?**

ⓐ Spielt.

ⓑ Erzählt.

ⓒ Schreibt die Geschichte auf.

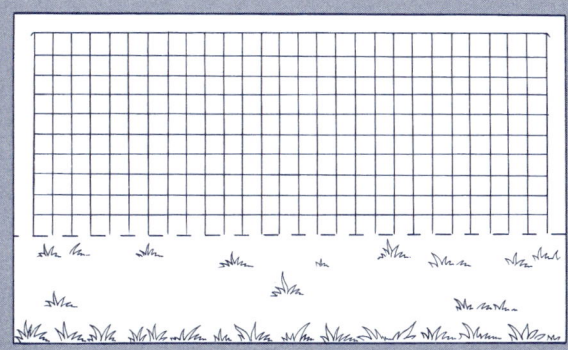

*Rasen*

# Ein Roboter in der Schule

**1** Schreibe die Wörter nach.

① Ute und Nina
basteln
einen Roboter.

② Er kann
rechnen, schreiben
und lesen.

**2** Schreibe die Geschichte ab.

**3** Lies. Male zu jedem Satz ein Bild.

| ① Ute und Nina basteln einen Roboter. | ② Er kann rechnen, schreiben und lesen. | ③ Sie nehmen ihn mit in die Schule. | ④ Der Roboter sagt: „Ich löse die Aufgaben." |
|---|---|---|---|
| | | | |

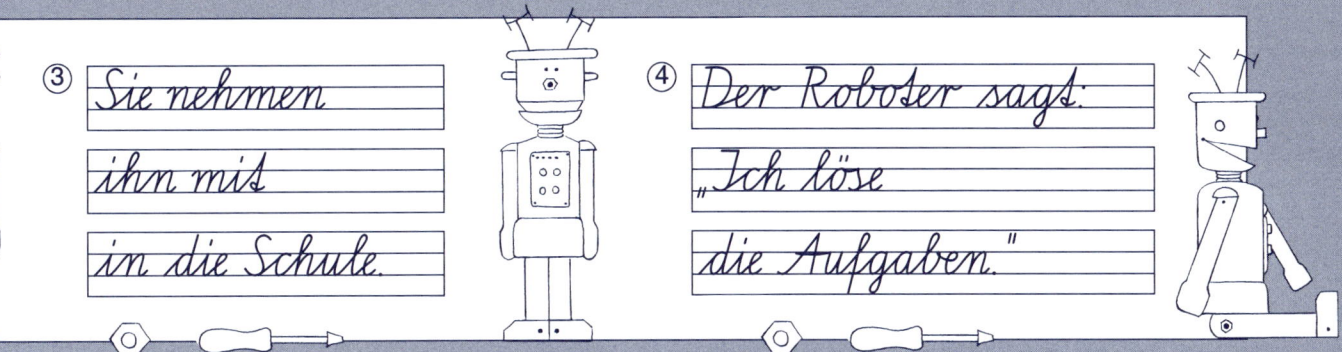

③ *Sie nehmen ihn mit in die Schule.*

④ *Der Roboter sagt: „Ich löse die Aufgaben."*

 **4  Beantworte die Fragen.**

ⓐ Wer bastelt einen Roboter?

ⓑ Was kann der Roboter?

ⓒ Was sagt der Roboter in der Schule?

 **5  Wie geht die Geschichte weiter?**

Seite 51

ⓐ Spielt.

ⓑ Erzählt.

ⓒ Schreibt die Geschichte auf.

Nina

Robo- ter

Schule

# Nico mag Laura

 **1** Schreibe die Wörter nach.

① *Nico mag Laura*
*und findet*
*sie hübsch.*

② *Nico schreibt*
*ihr einen*
*netten Brief.*

**2** Schreibe die Geschichte ab.

**3** Lies. Male zu jedem Satz ein Bild.

| ① Nico mag Laura und findet sie hübsch. | ② Nico schreibt ihr einen netten Brief. | ③ In der Hofpause gibt er ihr den Brief. | ④ Laura liest den Brief und lächelt. |
|---|---|---|---|
| | | | |

③ In der Hofpause gibt er ihr den Brief.

④ Laura liest den Brief und lächelt.

 **4** **Beantworte die Fragen.**

ⓐ Was denkt Nico über Laura?

ⓑ Was tut er?

ⓒ Was denkt Laura wohl?

 **5** **Wie geht die Geschichte weiter?**

Seite 53

ⓐ Spielt.

ⓑ Erzählt.

ⓒ Schreibt die Geschichte auf.

Nico

Laura

# Der geheimnisvolle Trank

 **1** Schreibe die Wörter nach.

① *Markus und Ina haben großen Durst.*

② *Sie mixen sich einen leckeren Trank.*

**2** Schreibe die Geschichte ab.

**3** Lies. Male zu jedem Satz ein Bild.

| ① Markus und Ina haben großen Durst. | ② Sie mixen sich einen leckeren Trank. | ③ Markus trinkt einen Becher aus. | ④ Da verwandelt er sich in eine Biene. |
|---|---|---|---|
|  |  |  |  |

③ *Markus trinkt einen Becher aus.*

④ *Da verwandelt er sich in eine Biene.*

 **4  Beantworte die Fragen.**

ⓐ Was mixen die Kinder?

ⓑ Was tut Markus?

ⓒ Was passiert?

 **5  Wie geht die Geschichte weiter?**

 Seite 53

ⓐ Spielt.

ⓑ Erzählt.

ⓒ Schreibt die Geschichte auf.

Ina

Becher

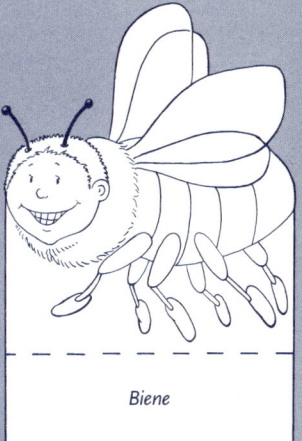

Biene

# Im Gruselschloss

 **1** Schreibe die Wörter nach.

① Jan und Ulf
gehen in
ein altes Schloss.

② Im Schloss
ist es kalt
und dunkel.

**2** Schreibe die Geschichte ab.

**3** Lies. Male zu jedem Satz ein Bild.

| ① Jan und Ulf gehen in ein altes Schloss. | ② Im Schloss ist es kalt und dunkel. | ③ Im Keller hören sie ein Geräusch. | ④ Sie schleichen leise eine Treppe hinab. |
|---|---|---|---|
|  |  |  |  |

③ Im Keller hören sie ein Geräusch.

④ Sie schleichen leise eine Treppe hinab.

**4** **Beantworte die Fragen.**

ⓐ Wie heißen die beiden Jungen?

ⓑ Was hören sie im Schloss?

ⓒ Was tun die Jungen?

**5** **Wie geht die Geschichte weiter?**

Seite 55

ⓐ Spielt.

ⓑ Erzählt.

ⓒ Schreibt die Geschichte auf.

Treppe                    Keller

# Der Zauberkasten

**1** Schreibe die Wörter nach.

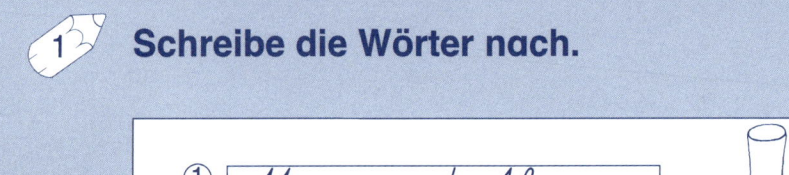

① *Max und Alena*
*wollen*
*zaubern.*

② *Sie kaufen*
*einen*
*Zauberkasten.*

**2** Schreibe die Geschichte ab.

**3** Lies. Male zu jedem Satz ein Bild.

| ① Max und Alena wollen zaubern. | ② Sie kaufen einen Zauberkasten. | ③ Max sagt einen Zauberspruch auf. | ④ Auf einmal ist Alena unsichtbar. |
|---|---|---|---|
| | | | |

③ *Max sagt einen Zauberspruch auf.*

④ *Auf einmal ist Alena unsichtbar.*

 **Beantworte die Fragen.**

ⓐ Wer will zaubern?

ⓑ Was ist in einem Zauberkasten?

ⓒ Was passiert mit Alena?

 **Wie geht die Geschichte weiter?**

ⓐ Spielt.

ⓑ Erzählt.

ⓒ Schreibt die Geschichte auf.

Zauberbuch

100 Zauber-sprüche

Alena

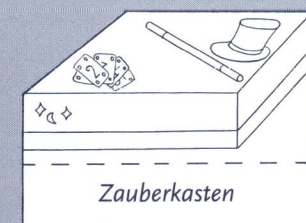

Zauberkasten

# Die Wunderblume

**1** Schreibe die Wörter nach.

① *Tobias pflanzt im Garten eine Blume.*

② *Am Abend gießt er die schöne Blume.*

**2** Schreibe die Geschichte ab.

**3** Lies. Male zu jedem Satz ein Bild.

| ① Tobias pflanzt im Garten eine Blume. | ② Am Abend gießt er die schöne Blume. | ③ In der Nacht wächst sie bis zum Mond. | ④ Morgens staunt er und klettert hinauf. |
|---|---|---|---|
|  |  |  |  |

③ *In der Nacht wächst sie bis zum Mond.*

④ *Morgens staunt er und klettert hinauf.*

---

**4** **Beantworte die Fragen.**

ⓐ Was pflanzt Tobias am Abend?

ⓑ Was passiert in der Nacht?

ⓒ Was macht Tobias am Morgen?

**5** **Wie geht die Geschichte weiter?**

Seite 57

ⓐ Spielt.

ⓑ Erzählt.

ⓒ Schreibt die Geschichte auf.

Garten

Mond

Blume

Blume

# Ein seltsames Tier

**1** Schreibe die Wörter nach.

① Hanna spielt mit ihrem Kuscheltier.

② Ihr Kuscheltier ist ein brauner Hase.

**2** Schreibe die Geschichte ab.

**3** Lies. Male zu jedem Satz ein Bild.

| ① Hanna spielt mit ihrem Kuscheltier. | ② Ihr Kuscheltier ist ein brauner Hase. | ③ Der braune Hase heißt Hugo. | ④ Hugo ruft: „Ich will Karotten knabbern." |
|---|---|---|---|
| | | | |

③ Der braune Hase heißt Hugo.

④ Hugo ruft: „Ich will Karotten knabbern."

**4  Beantworte die Fragen.**

ⓐ Wer ist Hugo?

ⓑ Was ist ein Kuscheltier?

ⓒ Was sagt Hannas Kuscheltier?

**5  Wie geht die Geschichte weiter?**

Seite 57

ⓐ Spielt.

ⓑ Erzählt.

ⓒ Schreibt die Geschichte auf.

Hase Hugo

Hanna

# Die verschwundenen Schätze

**1** Schreibe die Wörter nach.

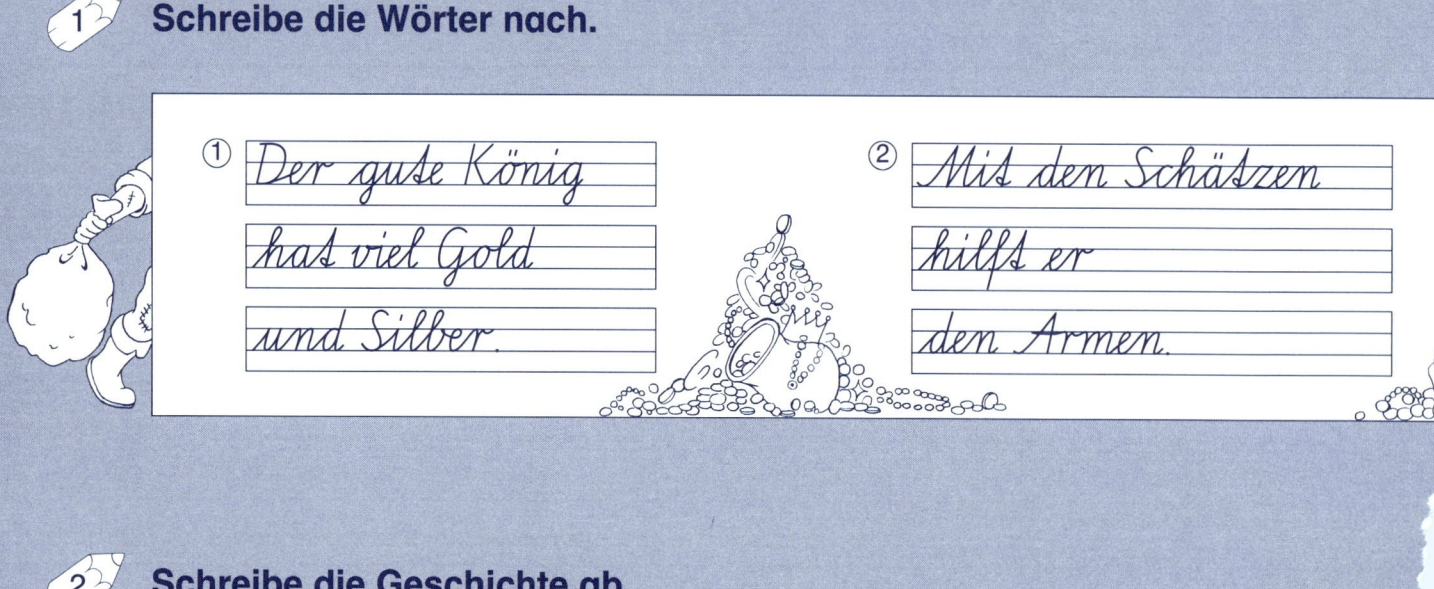

① Der gute König hat viel Gold und Silber.

② Mit den Schätzen hilft er den Armen.

**2** Schreibe die Geschichte ab.

**3** Lies. Male zu jedem Satz ein Bild.

| ① Der gute König hat viel Gold und Silber. | ② Mit den Schätzen hilft er den Armen. | ③ Eines Tages klauen Räuber seine Schätze. | ④ Der König ist traurig. Wer hilft ihm? |
|---|---|---|---|
|  |  |  |  |

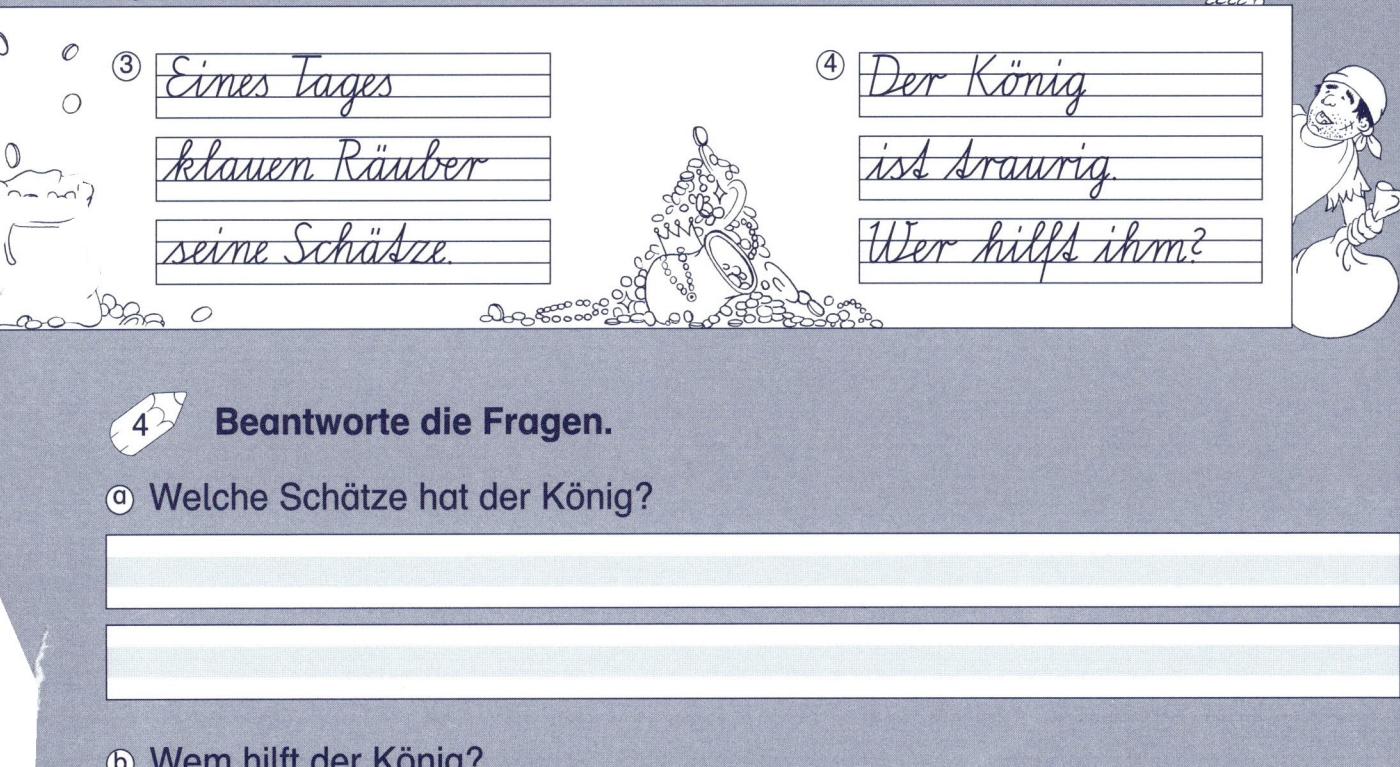

③ *Eines Tages klauen Räuber seine Schätze.*

④ *Der König ist traurig. Wer hilft ihm?*

 **4** **Beantworte die Fragen.**

ⓐ Welche Schätze hat der König?

ⓑ Wem hilft der König?

ⓒ Warum ist der König traurig?

 **5** **Wie geht die Geschichte weiter?**

Seite 59

ⓐ Spielt.

ⓑ Erzählt.

ⓒ Schreibt die Geschichte auf.

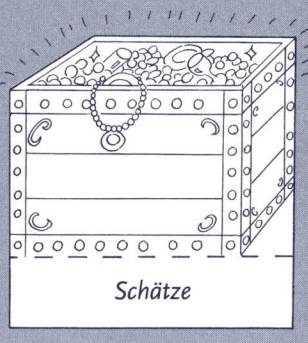

Schätze

König

# Im Dorf der Zwerge

**1** Schreibe die Wörter nach.

① *Im Dorf*
*der Zwerge*
*laufen alle umher.*

② *Da entdeckt*
*Winzling*
*riesige Fußspuren.*

**2** Schreibe die Geschichte ab.

**3** Lies. Male zu jedem Satz ein Bild.

| ① Im Dorf der Zwerge laufen alle umher. | ② Da entdeckt Winzling riesige Fußspuren. | ③ Zwerg Winzling ruft alle Zwerge herbei. | ④ Da stampft ein Riese in das kleine Dorf. |
|---|---|---|---|
| | | | |

③ Zwerg Winzling
ruft
alle Zwerge herbei.

 ④ Da stampft
ein Riese
in das kleine Dorf.

**4** **Beantworte die Fragen.**

ⓐ Wo lebt Winzling?

ⓑ Was entdeckt Winzling?

ⓒ Was tut der Riese?

 **5** **Wie geht die Geschichte weiter?**

Seite 59

ⓐ Spielt.

ⓑ Erzählt.

ⓒ Schreibt die Geschichte auf.

Winzling

Zwerge

Riese

# Wenn kleine Monster träumen

**1** Schreibe die Wörter nach.

① *Das kleine grüne Monster ist sehr müde.*

② *Es legt sich ins Bett und deckt sich zu.*

**2** Schreibe die Geschichte ab.

**3** Lies. Male zu jedem Satz ein Bild.

| ① Das kleine grüne Monster ist sehr müde. | ② Es legt sich ins Bett und deckt sich zu. | ③ Das kleine Monster macht die Augen zu. | ④ Wovon das Monster wohl träumen wird? |
| --- | --- | --- | --- |
| | | | |

③ *Das kleine Monster macht die Augen zu.*

④ *Wovon das Monster wohl träumen wird?*

 **Beantworte die Fragen.**

ⓐ Wer ist müde?

ⓑ Was macht das Monster?

ⓒ Wovon träumt es wohl?

 **Wie geht die Geschichte weiter?**

Seite 61

ⓐ Spielt.

ⓑ Erzählt.

ⓒ Schreibt die Geschichte auf.

Monster

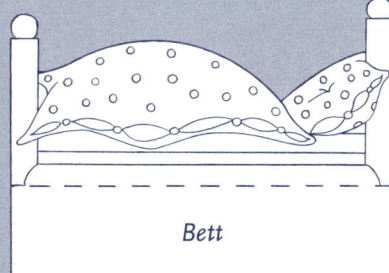

Bett

# Die verzauberte Königin

 **1** Schreibe die Wörter nach.

① *Die böse Hexe hat die Königin verzaubert.*

② *Die Königin kann nicht mehr lachen.*

**2** Schreibe die Geschichte ab.

**3** Lies. Male zu jedem Satz ein Bild.

| ① Die böse Hexe hat die Königin verzaubert. | ② Die Königin kann nicht mehr lachen. | ③ Wer hilft der schönen Königin? Und wie? | ④ Da kommen drei kluge Brüder ins Schloss. |
|---|---|---|---|
| | | | |

③ *Wer hilft der schönen Königin? Und wie?*

④ *Da kommen drei kluge Brüder ins Schloss.*

**4** Beantworte die Fragen.

ⓐ Wer hat die Königin verzaubert?

ⓑ Was kann sie nun nicht mehr?

ⓒ Wer kommt ins Schloss?

**5** Wie geht die Geschichte weiter?

ⓐ Spielt.

ⓑ Erzählt.

ⓒ Schreibt die Geschichte auf.

Seite 61

Hexe

Königin

# Im Mitmach-Zirkus

 **1** Schreibe die Wörter nach.

① Tina und Luka
gehen
in den Zirkus.

② Sie sehen
Zauberer, Akrobaten
und Tiere.

**2** Schreibe die Geschichte ab.

**3** Lies. Male zu jedem Satz ein Bild.

| ① Tina und Luka gehen in den Zirkus. | ② Sie sehen Zauberer, Akrobaten und Tiere. | ③ Luka darf bei den Akrobaten mitmachen. | ④ Tina füttert die Seehunde und Löwen. |
|---|---|---|---|
|  |  |  |  |

③ Luka darf bei den Akrobaten mitmachen.

④ Tina füttert die Seehunde und Löwen.

 **4  Beantworte die Fragen.**

ⓐ Was gibt es im Zirkus zu sehen?

ⓑ Wobei darf Luka helfen?

ⓒ Was macht Tina?

 **5  Wie geht die Geschichte weiter?**

 Seite 63

ⓐ Spielt.

ⓑ Erzählt.

ⓒ Schreibt die Geschichte auf.

Löwe

Zauberer

Zirkus

# Der Wolf und Rumpelstilzchen

**1** Schreibe die Wörter nach.

① Der gute Wolf
läuft durch
den dunklen Wald.

② Da trifft er
das traurige
Rumpelstilzchen.

**2** Schreibe die Geschichte ab.

**3** Lies. Male zu jedem Satz ein Bild.

| ① Der gute Wolf läuft durch den dunklen Wald. | ② Da trifft er das traurige Rumpelstilzchen. | ③ Das sagt: „Ich habe meinen Namen vergessen." | ④ Der Wolf meint: „Wir fragen die kluge Hexe." |
| --- | --- | --- | --- |
| | | | |

③ Das sagt:
„Ich habe meinen
Namen vergessen."

④ Der Wolf meint:
„Wir fragen
die kluge Hexe."

 **4** **Beantworte die Fragen.**

ⓐ Wer läuft durch den Wald?

ⓑ Warum ist Rumpelstilzchen traurig?

ⓒ Was wollen sie tun?

 **5** **Wie geht die Geschichte weiter?**

 Seite 63

ⓐ Spielt.

ⓑ Erzählt.

ⓒ Schreibt die Geschichte auf.

Wolf

Rumpel-
stilzchen

Hexenhaus

# Mein Schreib-Pass

| Geschichte | Aufgabe | | | | |
|---|---|---|---|---|---|
| | 1 | 2 | 3 | 4 | 5 |
| Der Flaschengeist | ☺ | ☺ | ☺ | ☺ | ☺ |
| Eine wundersame Reise | ☺ | ☺ | ☺ | ☺ | ☺ |
| Die Flaschenpost | ☺ | ☺ | ☺ | ☺ | ☺ |
| Der Schatz der Piraten | ☺ | ☺ | ☺ | ☺ | ☺ |
| Besuch aus dem All | ☺ | ☺ | ☺ | ☺ | ☺ |
| Die Zeitmaschine | ☺ | ☺ | ☺ | ☺ | ☺ |
| Die Fußball-Kids | ☺ | ☺ | ☺ | ☺ | ☺ |
| Ein Roboter in der Schule | ☺ | ☺ | ☺ | ☺ | ☺ |
| Nico mag Laura | ☺ | ☺ | ☺ | ☺ | ☺ |
| Der geheimnisvolle Trank | ☺ | ☺ | ☺ | ☺ | ☺ |
| Im Gruselschloss | ☺ | ☺ | ☺ | ☺ | ☺ |
| Der Zauberkasten | ☺ | ☺ | ☺ | ☺ | ☺ |
| Die Wunderblume | ☺ | ☺ | ☺ | ☺ | ☺ |
| Ein seltsames Tier | ☺ | ☺ | ☺ | ☺ | ☺ |
| Die verschwundenen Schätze | ☺ | ☺ | ☺ | ☺ | ☺ |
| Im Dorf der Zwerge | ☺ | ☺ | ☺ | ☺ | ☺ |
| Wenn kleine Monster träumen | ☺ | ☺ | ☺ | ☺ | ☺ |
| Die verzauberte Königin | ☺ | ☺ | ☺ | ☺ | ☺ |
| Im Mitmach-Zirkus | ☺ | ☺ | ☺ | ☺ | ☺ |
| Der Wolf und Rumpelstilzchen | ☺ | ☺ | ☺ | ☺ | ☺ |

Super.   Gut.   Okay.   Üben.

# Der Flaschengeist

Geist

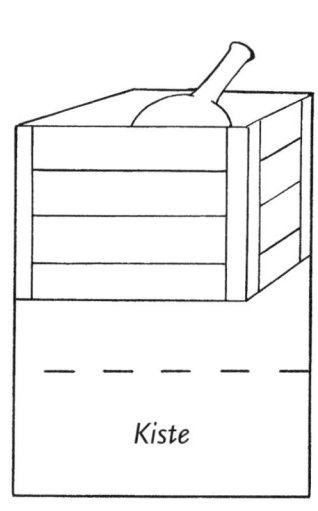

Kiste

Flasche

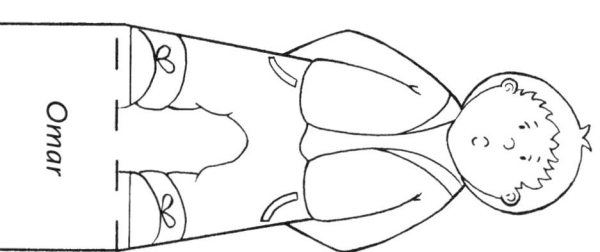

Omar

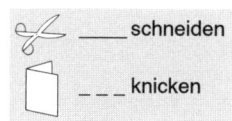

_____ schneiden

- - - knicken

# Eine wundersame Reise

zu Seite 6/7

zu Seite 4/5

Teppich

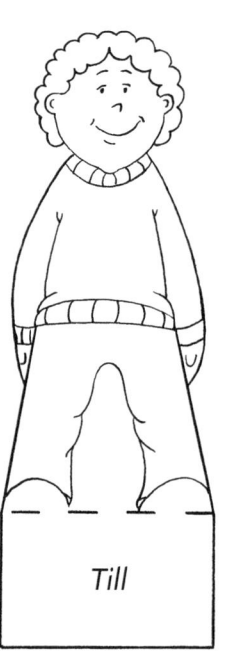

Till

Tina

# Die Flaschenpost

zu Seite 8/9

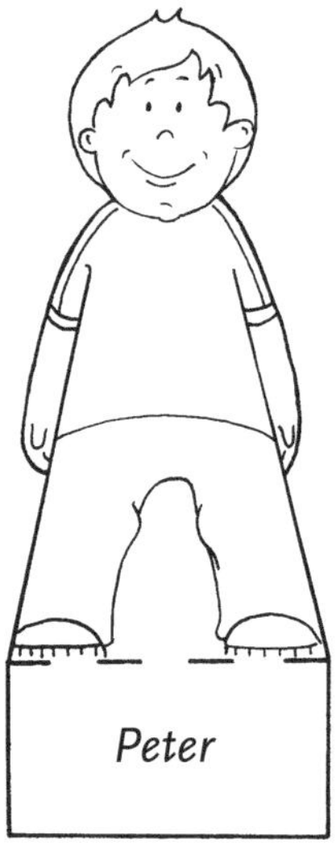

Peter

Lisa

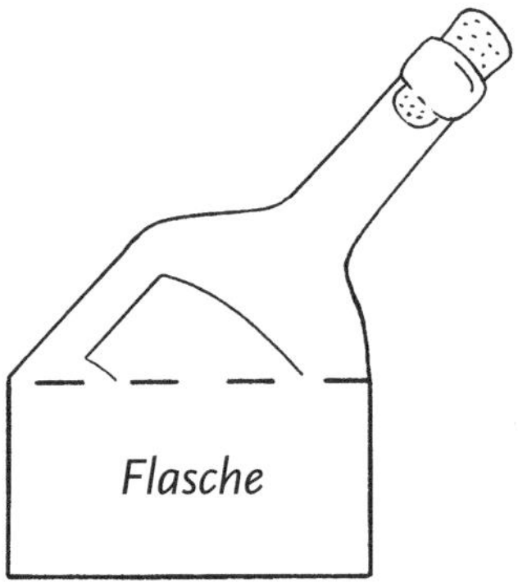

Flasche

Brief

Bach

# Der Schatz der Piraten

zu Seite 10/11

Alex

Jens

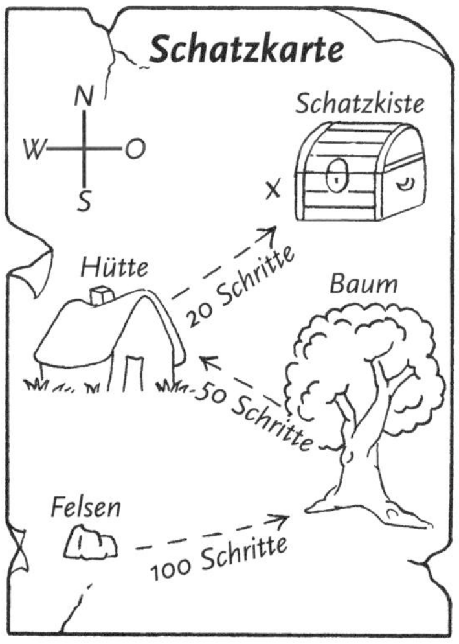

**Schatzkarte**

N
W — O
S

Schatzkiste

×

Hütte

20 Schritte

Baum

50 Schritte

Felsen

100 Schritte

**Schätze
der
Piraten**

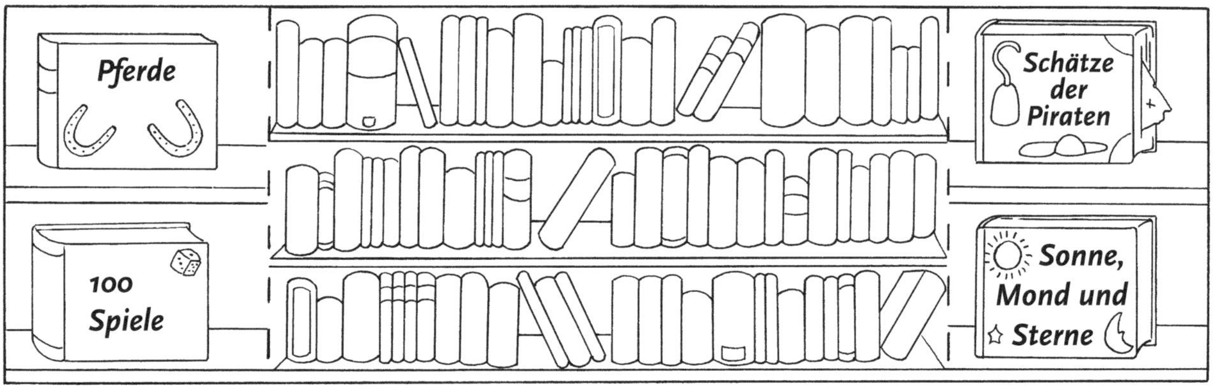

**Pferde**

**100
Spiele**

**Schätze
der
Piraten**

**Sonne,
Mond und
Sterne**

# Besuch aus dem All

zu Seite 12/13

Paul

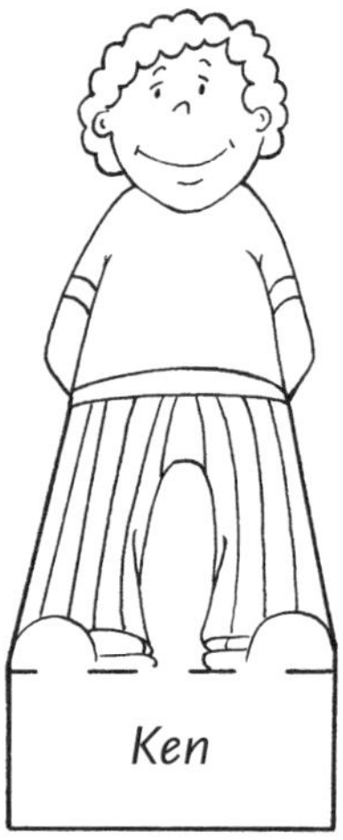

Ken

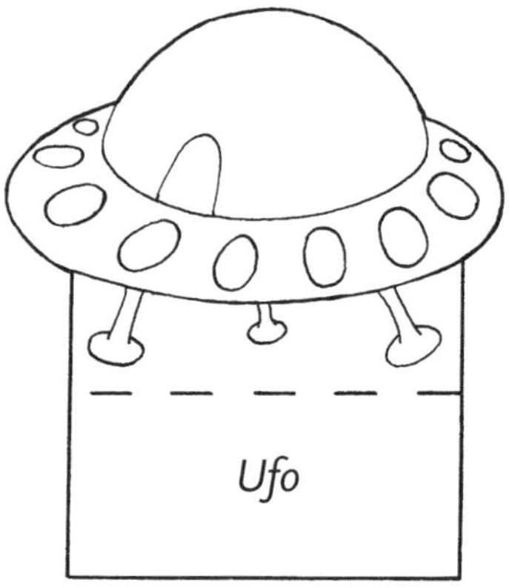

Ufo

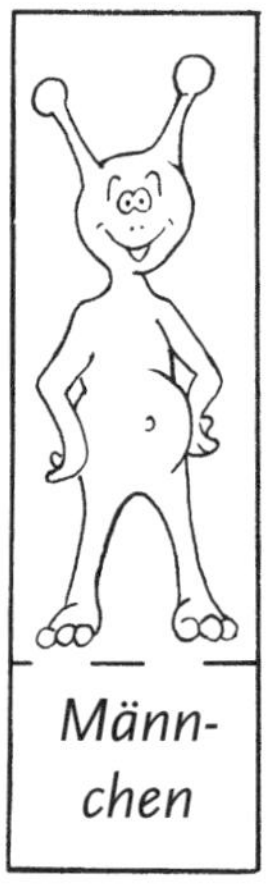

Männchen

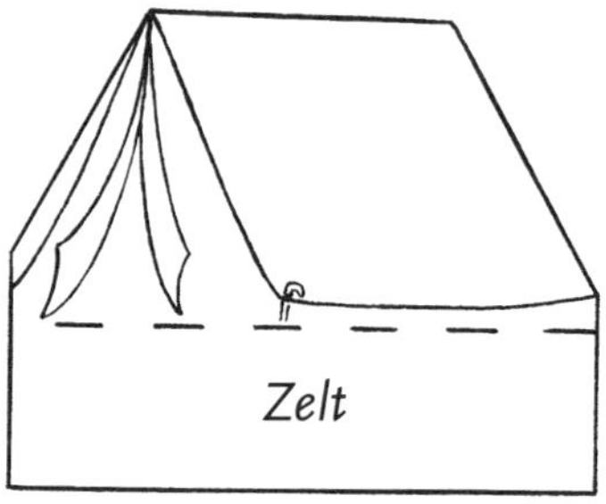

Zelt

Garten

# Die Zeitmaschine

zu Seite 14/15

Tim

Lea

Zeitmaschine

Ritterburg

Dino

# Die Fußball-Kids

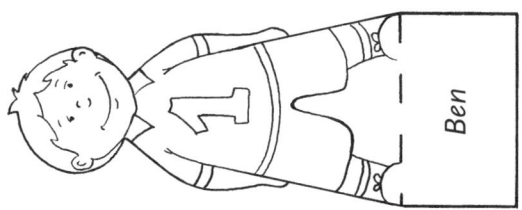
Ben

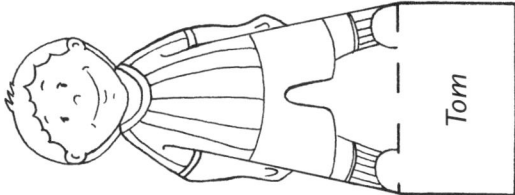
Tom

zu Seite 16/17

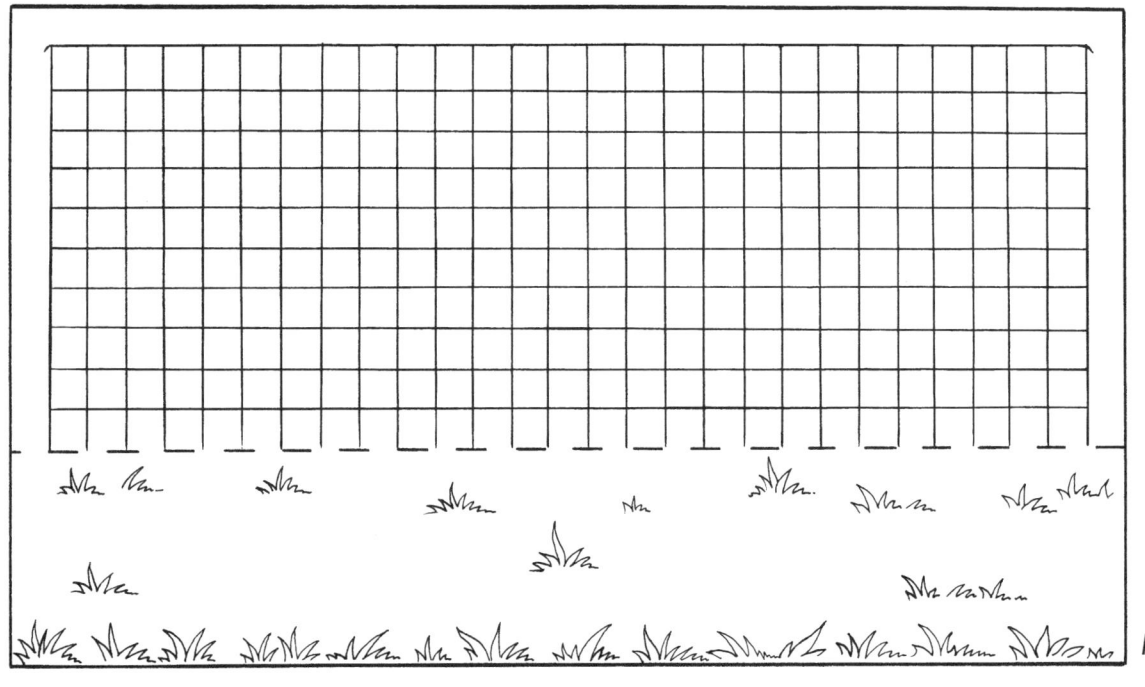
Rasen

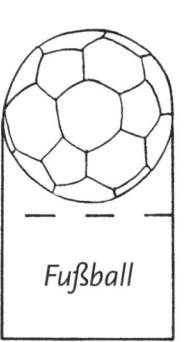
Fußball

# Ein Roboter in der Schule

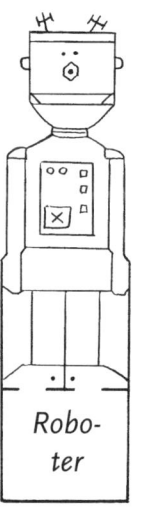
zu Seite 18/19

Robo-
ter

Schule

Ute

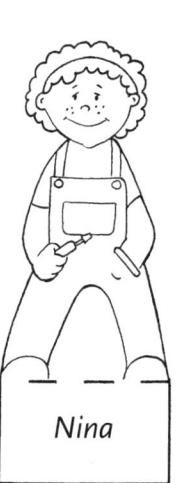
Nina

51

# Nico mag Laura

Hallo Laura!

Nico

Laura

zu Seite 20/21

An
Laura

Brief

---

# Der geheimnisvolle Trank

zu Seite 22/23

Becher

Markus

Ina

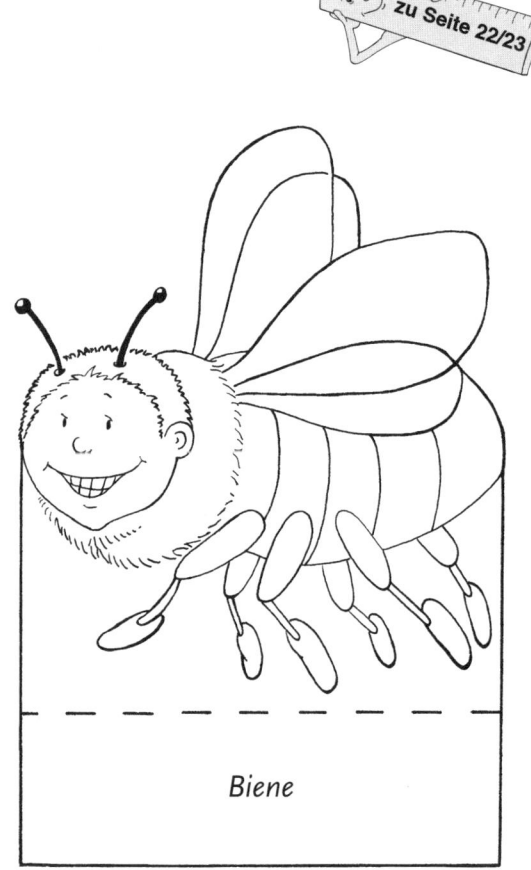

Biene

# Ein Gruselschloss

zu Seite 24/25

Jan

Ulf

Schloss

Treppe

Keller

# Der Zauberkasten

zu Seite 26/27

Max

Alena

Alena

100 Zauber-sprüche

Zauberbuch

Zauberkasten

## Die Wunderblume

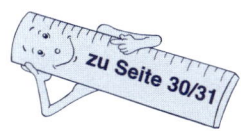

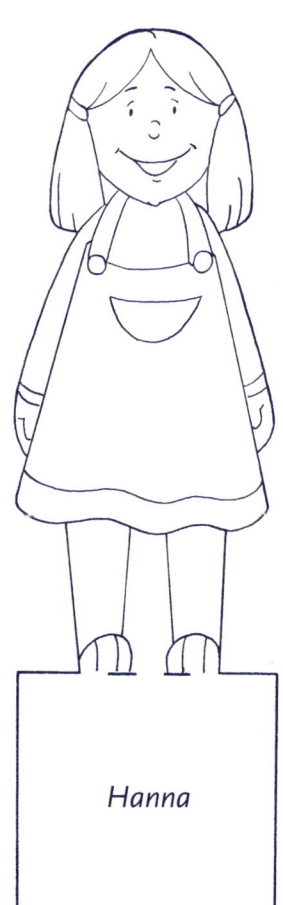

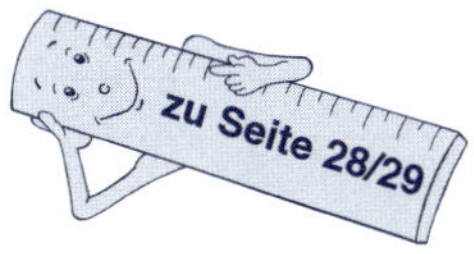
zu Seite 28/29

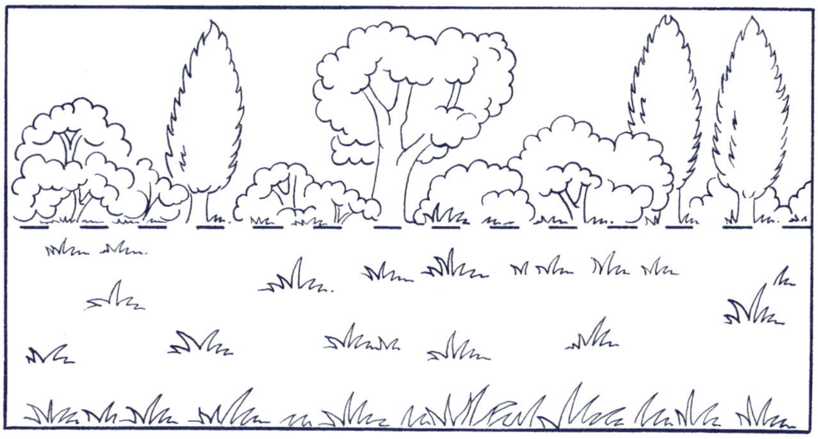

Garten

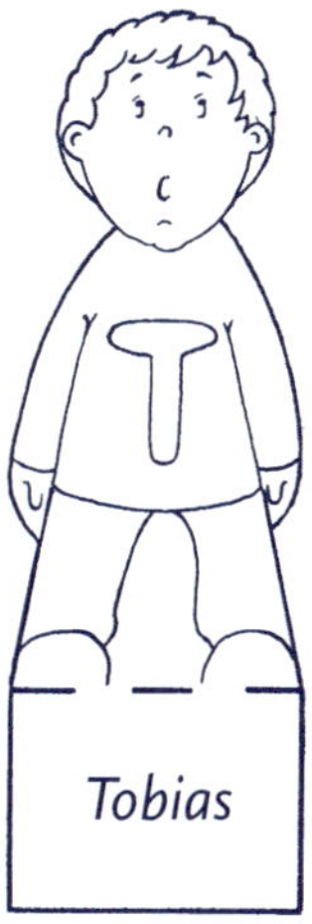
Tobias

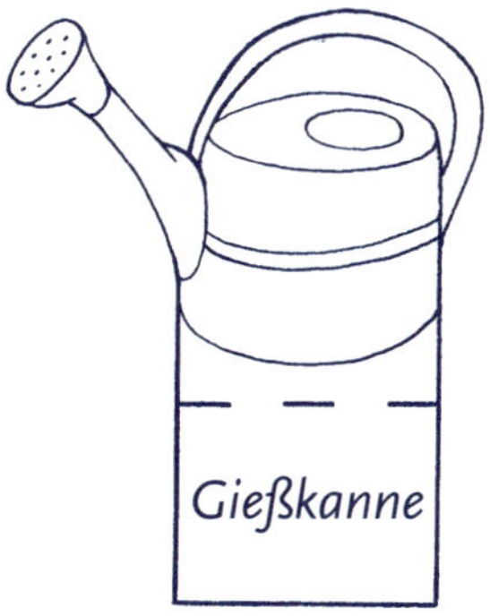
Gießkanne

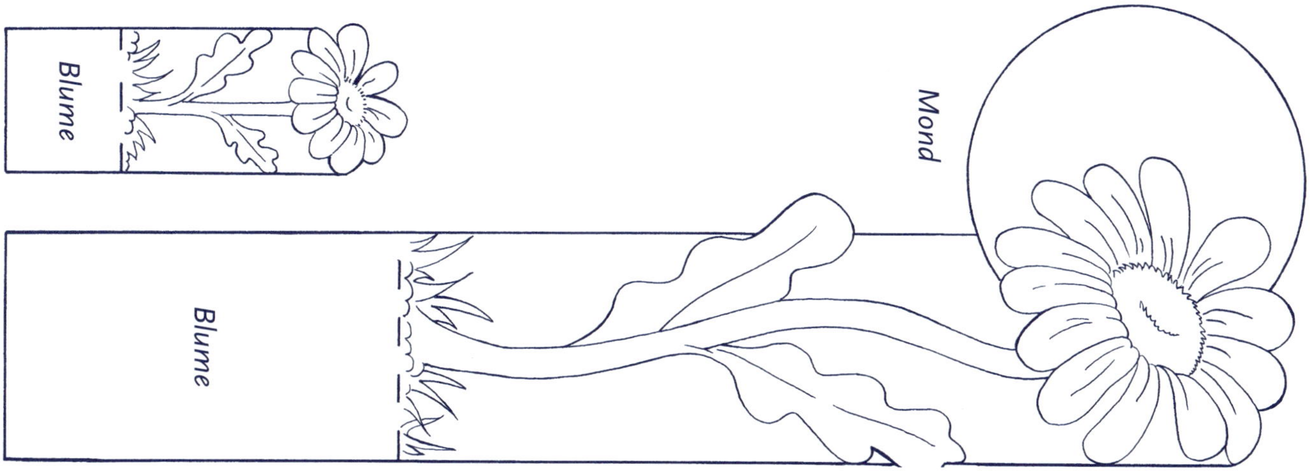
Blume
Mond
Blume

## Ein seltsames Tier

zu Seite 30/31

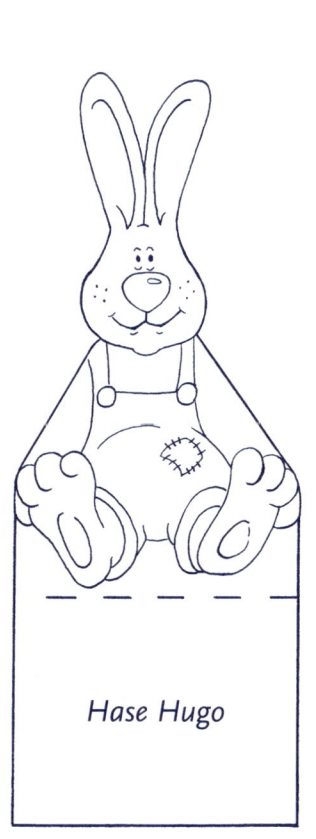

Hase Hugo

Hanna

# Die verschwundenen Schätze

zu Seite 32/33

König

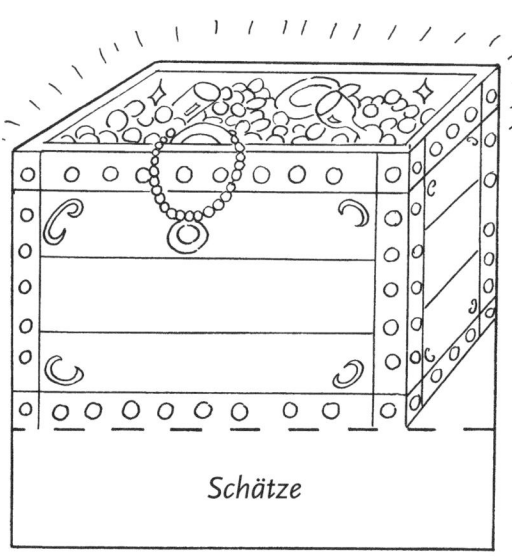

Schätze

Räuber

die Armen

---

# Im Dorf der Zwerge

zu Seite 34/35

Zwerge

Riese

Winzling

## Wenn kleine Monster träumen

zu Seite 36/37

Monster

Traum

Traum

Traum

Bett

## Die verzauberte Königin

zu Seite 38/39

1. Bruder

2. Bruder

3. Bruder

Schloss

Königin

Hexe

# Im Mitmach-Zirkus

zu Seite 40/41

Luka

Tina

Zauberer

Akrobaten

Löwe

Zirkus

# Der Wolf und Rumpelstilzchen

zu Seite 42/43

Wolf

Rumpel-
stilzchen

Hexe

Wald

63